Fiche **philosophe**

Par Karine Safa

Plotin

lePetitPhilosophe.fr

PLOTIN

PHILOSOPHE GREC FONDATEUR DU NÉOPLATONISME

- **Né vers 205 à Lycopolis**
- **Décédé vers 270 en Campanie**
- **Son œuvre principale :**
  - *Les Ennéades*

Plotin est un **philosophe grec du IIIe siècle** né en Égypte. On sait peu de choses sur sa vie, si ce n'est par Porphyre, un de ses plus célèbres disciples, qui a édité son œuvre, *Les Ennéades*, après sa mort.

Il n'ignore aucun des **courants philosophiques antiques** et en propose une synthèse originale, bien que marquée par une forte influence platonicienne. En ce sens, il est généralement considéré comme le fondateur du néoplatonisme, qui fut une grande source d'inspiration pour les penseurs chrétiens, notamment les Pères de l'Église comme saint Augustin – ce dernier contribua d'ailleurs fortement à faire connaitre Plotin dans l'Occident du Moyen Âge. Il faut toutefois distinguer le néoplatonisme de Plotin, qui est athée, du néoplatonisme chrétien. Dans les deux cas, les dialogues de Platon constituent la principale source d'inspiration, mais nulle trace, chez Plotin, du geste initial d'un Dieu créateur.

BIOGRAPHIE

PLOTIN VU PAR PORPHYRE

L'essentiel de la vie de Plotin nous est parvenu à travers une ***Vie de Plotin* rédigée par son plus fidèle disciple : Porphyre de Tyr** (vers 234-305). Cette biographie figure en introduction de l'édition des *Ennéades*. Porphyre nous y livre des informations très précieuses relatives à l'école néoplatonicienne dont Plotin fut le plus prestigieux représentant.

Plotin est né à Lycopolis, dans la **Haute Égypte**, au IIIe siècle, vraisemblablement **vers 205**. À l'âge de vingt-huit ans, en 232, il se rend à **Alexandrie** pour s'adonner à **la philosophie**. Alexandrie est alors un foyer culturel très important où se côtoient de nombreux mouvements idéalistes et mystiques. Plotin y rencontre **Ammonios** (vers 175-242), surnommé Sakkas, l'un des maitres les plus fameux de l'école d'Alexandrie. On ne sait pas grand-chose de la pensée de ce dernier, si ce n'est qu'il cherche à allier les théories de Platon (vers 427-347 av. J.-C.) et les doctrines orientales, bref, l'esprit de la Grèce et celui de l'Orient. Ammonios le révèle en quelque sorte à lui-même : « Voilà ce que je cherchais », s'exclame alors Plotin. Il se forme longtemps (et participe même à une expédition guerrière contre les Perses pour découvrir leur philosophie) avant de s'établir à **Rome**, en 243.

Il y fonde un mouvement philosophique, **l'école néoplatonicienne de Rome**, et enseigne pendant une dizaine d'années, professant notamment l'enseignement d'Ammonios, essentiellement de manière orale. Ses leçons sont très prisées par l'élite et de nombreux sénateurs romains viennent l'écouter. Plotin cite volontiers en exemple le sénateur Rogatianus qui, à force de pratiquer la philosophie, s'était détaché des choses de l'existence au point de renoncer à sa charge de sénateur ainsi qu'à tous ses biens.

Vers la **fin de sa vie**, Plotin se retrouve fort seul, ses disciples quittant Rome un à un. Souffrant de **maux divers**, il refuse de se soigner, car il trouve cela indigne d'un homme de son âge. Le jour de sa mort, il dit cette parole édifiante aux amis qui l'entourent : « Je vous attends, je m'efforce de réunir ce qu'il y a de divin en nous à ce qu'il y a de divin dans l'univers. » Il **meurt en 270**, âgé de soixante-six ans.

DES ÉCRITS TARDIFS, MAIS ABONDANTS

Ce n'est qu'**à partir de 254** que Plotin commence à **écrire des traités**, presque une soixantaine au total. Comme il ne leur donne pas lui-même des titres, ses disciples se chargent de le faire à sa place :

- *Du Beau ;*
- *De l'immortalité de l'Âme ;*
- *Du Destin ;*
- *De l'essence de l'Âme ;*
- *De l'Intelligence, des Idées et de l'Être ;*
- *De la descente de l'Âme dans le corps ;*
- *Du Bien ou de l'Un,* etc.

À la mort du philosophe, **Porphyre publie son œuvre**, entre 300 et 301, sous le titre *Les Ennéades*. Toutefois, il ne se contente pas de rassembler les différents écrits du philosophe : il les réorganise et renonce, pour ce faire, à l'ordre chronologique. Il rassemble ainsi les divers livres de son maitre en **56 traités répartis dans six livres comprenant chacun neuf parties**. Le détail n'est pas anodin puisque Porphyre justifie son acte en expliquant que 6 et 9 sont des chiffres parfaits. D'ailleurs, le titre de l'œuvre vient du chiffre *ennéa* (« neuf » en grec).

Dans un effort pédagogique remarquable, Porphyre ordonne les livres comme suit :

- la première ennéade est consacrée à l'éthique, vue comme une étape de purification nécessaire ;
- la deuxième et la troisième sont consacrées à la physique ;
- la quatrième à l'Âme ;
- la cinquième à l'Intelligence ;
- la dernière à l'Un, le principe suprême.

CONTEXTE PHILOSOPHIQUE

LE GNOSTICISME

À l'époque de Plotin, l'Académie (l'école fondée par Platon et la principale inspiratrice du néoplatonisme) existe toujours. Elle est particulièrement dynamique à Athènes et cohabite avec le christianisme qui s'affirme de plus en plus, de même que les religions ésotériques et païennes. Un **mouvement hétérodoxe**, issu de la rencontre entre ces différentes doctrines, commence à se répandre : **le gnosticisme**.

Qu'est-ce que le gnosticisme ?

Il est faux de parler d'un seul mouvement à propos du gnosticisme, tant il prolifère sous des formes variées. Toutefois, **quatre grandes influences** le caractérisent plus particulièrement :

- **le christianisme**. Les gnostiques croient au Christ envoyé par Dieu aux hommes pour les sauver. D'ailleurs, un certain nombre de mouvements gnostiques sont d'obédience chrétienne, même s'ils ont été dénoncés comme hérétiques par l'orthodoxie ;
- **le platonisme puis le néoplatonisme**. Le gnosticisme reprend à son compte l'idée platonicienne selon laquelle il existe deux mondes : l'un parfait et spirituel, et l'autre imparfait et sensible, reflet dégradé du premier. Mais ce qui est propre au gnosticisme, c'est la croyance en l'absurdité du monde sensible, qui serait dépravé et déserté par la divinité : l'homme serait exilé dans un monde

irrémédiablement séparé de la sphère divine ;
- **la pensée dualiste**. Les gnostiques conçoivent deux principes radicalement opposés : le bien et le mal. Un être parfait comme Dieu ne peut avoir créé un monde imparfait. Ils justifient donc le mal par l'existence d'un autre Dieu, mauvais, qui cohabite avec le premier ;
- **les religions ésotériques**. Dernier trait caractéristique du gnosticisme, la pratique de religions païennes, d'origine moyenne-orientale ou grecque, qui reposent sur la croyance en un savoir caché accessible aux seuls élus.

Les mouvements gnostiques font donc la synthèse de ces diverses influences, mettant plus l'accent sur l'une ou l'autre d'entre elles selon leur orientation.

Plotin et la critique du gnosticisme

Plotin s'est élevé avec force contre le gnosticisme, sous toutes ses formes. En effet, sans *Les Ennéades*, il évoque les sectes chrétiennes d'obédience gnostique ayant dénaturé l'enseignement de Platon. Il ne faudrait pas croire pour autant que les chrétiens eux-mêmes étaient la cible de Plotin. Celui-ci n'était pas hostile à leur égard, loin s'en faut.

C'est essentiellement dans le traité 33 que Plotin s'élève « contre ceux qui disent mauvais le Démiurge du monde et mauvais ce monde », visant par là tous les gnostiques. C'est le grief principal qu'il leur adresse. Pour le philosophe, en effet, il y a une **beauté évidente du monde sensible qui porte la marque de notre parenté avec le divin**. La perfection du premier principe, l'Un ou le Bien, est telle que tout ce qui en émane, même sous une forme altérée, témoigne de la

« merveilleuse puissance » de ses origines.

De plus, il est inadmissible pour Plotin de faire cohabiter un dieu du bien et un dieu du mal pour justifier le mal dans le monde, comme le font les gnostiques. À ses yeux, **le mal n'est qu'une absence (provisoire) de bien** ; il n'est pas incarné et il n'a pas de réalité effective.

L'HÉRITAGE DU PLATONISME, DU STOÏCISME ET DE L'ARISTOTÉLISME

Platon

Plotin récupère en partie l'héritage de Platon et y puise **certains thèmes majeurs tout en les détournant**, parfois très subtilement, de leur signification initiale, pour les intégrer à son propre système.

L'apport majeur de Platon à l'histoire de la philosophie réside dans le dualisme qu'il instaure entre **deux mondes** :

- **le monde sensible** regroupe les choses sensibles, qui sont changeantes, multiples et finies ;
- **le monde intelligible** regroupe les Idées, des essences immatérielles immuables, uniques, éternelles et infinies. Plus précisément, les Idées constituent les modèles absolus d'après lesquels les objets du monde sensible ont été formés. De ce fait, pour Platon, les Idées constituent la seule réalité. Par ailleurs, elles sont unifiées par l'Idée suprême qu'est le Bien.

Platon pose donc la **supériorité du monde intelligible**

sur le monde sensible, de la même manière qu'il postule la **supériorité de l'âme sur le corps**, celui-ci constituant une prison pour l'âme qui seule est capable d'approcher les Idées, source de toute connaissance véritable. C'est principalement sur ce point que Plotin diverge avec le point de vue du père de l'Académie. En effet, la pensée de **Plotin est moins dualiste** : il conçoit **l'homme comme une unité vivante et organique**. Il estime qu'il y a une union nécessaire entre l'âme et le corps, l'intelligible et le sensible.

Les stoïciens

Sans doute l'influence du stoïcisme fut-elle en cela déterminante, notamment **la doctrine stoïcienne des raisons séminales :** il s'agit de principes formels d'organisation de la nature qui ne font qu'un avec la matière et en expliquent les formes et le mouvement. Toutefois, alors que les raisons formelles stoïciennes sont immanentes au monde (c'est-à-dire qu'elles sont contenues dans le monde), **pour Plotin, ces raisons procèdent de principes supérieurs**.

Le philosophe reprend aussi **la notion stoïcienne d'une « sympathie universelle »** selon laquelle le monde nait sous l'action d'un souffle divin qui, par sa force et sa pensée, crée une plénitude et une harmonie de toutes les parties du cosmos.

En revanche, Plotin, adepte de la liberté individuelle, **s'élève avec force contre les idées stoïciennes de fatalisme, de déterminisme ou de destin**. En effet, selon les stoïciens, tout est écrit d'avance. Par conséquent, l'homme doit accepter que tout ce qui arrive doit arriver, une attitude qui lui apporte la liberté et la paix de l'âme.

Aristote

Quant à Aristote (384-322 av. J.-C.), Plotin s'inspire de sa logique et de sa métaphysique en reprenant, notamment, **les notions fondamentales d'acte et de puissance, de forme et de matière**. Tout ce qui existe réellement, selon Aristote, existe par l'union de l'acte et de la puissance, ainsi que de la forme et de la matière :

- toute substance se caractérise par la combinaison d'une forme, soit une configuration extérieure, et d'une matière, soit le support du changement, de la chose qui reçoit une forme ;
- la substance est par ailleurs à la fois en puissance et en acte. La puissance est sa capacité de passer d'un état à un autre (par exemple, l'enfant est un adulte en puissance), tandis que l'acte est ce qui est effectivement réalisé.

Plotin combine les notions de forme et de matière avec sa théorie des hypostases qui sont les trois grands principes à l'origine du monde. Il s'interroge aussi sur **la nature du premier moteur aristotélicien**. Dans la *Métaphysique*, Aristote décrit Dieu comme le premier moteur immuable qui provoque l'ensemble des mouvements du monde ; ensuite, lorsque des corps en mouvement sont en contact avec d'autres corps, ils les mettent eux-mêmes en mouvement et ainsi de suite. Ainsi, le premier moteur meut tout et rien ne le meut. Plotin critique cette théorie du mouvement chez Aristote et refuse d'identifier l'Un au premier moteur aristotélicien.

PENSÉE ET APPORT

LES TROIS GRANDS PRINCIPES OU HYPOSTASES

Le néoplatonisme, dont Plotin fut le maitre incontesté, consiste en une relecture originale des dialogues de Platon et, dans une moindre mesure, de la pensée d'Aristote et des stoïciens. Du père de l'Académie, Plotin retient avant tout la conception de l'Un comme premier principe transcendant (*Le Parménide* de Platon).

Pour Plotin, **trois grands principes, ou hypostases, sont à l'origine du monde :** :

- l'Un ou l'Être ;
- l'Intelligence ou la Pensée ;
- l'Âme du monde ou la Vie.

Toute la tâche de l'homme, situé dans le monde sensible, est de remonter jusqu'à l'Un afin d'opérer une union quasi mystique avec ce premier principe.

L'Un

L'Un est le principe suprême, **le bien le plus parfait, dont procède le monde sensible ainsi que les différents niveaux de réalité**. Il est la source de toute chose, de toute pensée, de toute vie.

Pourtant, bien que tout vienne de lui et que les choses aient besoin de lui pour être, l'Un n'est pas mélangé à ce qui procède de lui. Il demeure **absolument indivisible et transcendant** : il ne peut être divisé et est d'une nature radicalement différente et supérieure (citation 1). Plotin utilise **l'image du soleil** pour le décrire : le soleil darde le monde de ses rayons et permet ainsi aux choses d'être vues sans pour autant que l'intensité de sa lumière ne perde de son éclat.

L'Un est donc immuable — il n'est pas sujet au changement —, mais il est **également indicible** : il est impossible de l'appréhender directement, de le dire ou même de le penser. Un peu à la manière du Dieu biblique dont le nom est imprononçable, l'Un n'est le sujet d'aucun attribut, le support d'aucune qualité, car le fixer dans une définition reviendrait à l'appauvrir. Il **ne peut être approché que de manière négative** (il n'est pas ceci ou cela) **et au terme d'une ascèse qui est dépassement de soi**. À strictement parler, l'Un est d'ailleurs **plus proche du non-être que de l'être**. Le grand théologien catholique du XXe siècle, Hans Urs von Balthazar (1905-1988) considère que dans son isolement (qui est aussi proximité), l'Un est tellement le Tout-Autre qu'il en devient le Non-Autre. Cette négativité apparente n'est cependant pas à comprendre comme un défaut, mais comme une surabondance.

On peut qualifier la philosophie de Plotin d'optimiste, puisque tout participe d'une manière ou d'une autre de l'Un.

L'Intelligence

Le deuxième principe, ou niveau de réalité, **l'Intelligence**, qui **émane directement de l'Un**, est ce qu'il y a de meilleur après lui. Elle est le lieu par excellence du réel, car elle contient en elle le pensable, c'est-à-dire **l'ensemble des idées**.

De ce fait, l'Intelligence est à la fois **multiplicité et unité ::**

- la diversité des idées qu'elle contient provoque une dualité inhérente à la pensée qui appréhende un autre objet qu'elle-même. L'Intelligence contient donc ce qu'elle contemple, mais elle n'en reste pas moins différente dans son essence ;
- l'Intelligence est par ailleurs unité parce qu'elle a la capacité de se penser elle-même. Ce faisant, elle n'est pas séparée de l'objet qu'elle pense : le sujet pensant et l'objet pensé ne font qu'un. C'est pourquoi Plotin définit l'Intelligence comme **une « unité multipliée »** : elle a la double capacité de se penser elle-même et de penser un autre objet (<u>citation 2</u>).

Multiplicité, dualité... nous sommes **loin de la perfection du premier principe**, même si l'Intelligence procède directement de l'Un. Ce qui ne va pas d'ailleurs sans poser un problème : **comment un principe parfait et infini peut-il engendrer une réalité imparfaite et finie ?** En produisant l'Intelligence, l'Un ne manifeste-t-il pas une certaine faiblesse ? Plotin apporte une réponse très subtile et typique du néoplatonisme à la question. En réalité, l'Un n'a pas cédé de son essence en produisant l'Intelligence et n'est en rien diminué. Il lui a suffi d'être ce qu'il est, surabondant, pour engendrer l'Intelligence. Autrement dit, **l'Intelligence est née d'un débordement de l'Un.**

Il est important de préciser que l'Intelligence, au moment

où elle est produite, est **un être indéterminé** :

- de par sa proximité avec l'Un, elle se tourne vers lui et le voit ;
- ensuite, de cette vision, elle tire sa puissance de détermination qui porte l'empreinte du premier principe.

Son indétermination originelle est essentielle, car elle permet de résoudre la question de savoir comment l'Intelligence peut à son tour produire du multiple. En réalité, ne pouvant saisir la puissance infinie de l'Un, elle le saisit de manière disloquée et en appréhende des parties, d'où la naissance de la multiplicité et de la finitude.

L'Âme

Enfin, **l'Âme procède de l'Intelligence** et se décline sous **deux modes :**

- l'Âme du monde
- et les âmes incarnées.

L'Âme du monde est la plus parfaite. De par sa proximité avec l'Intelligence, elle contemple les idées intelligibles et les transmet à la matière sensible. C'est donc elle, troisième et dernière hypostase, qui **crée le monde sensible dans sa diversité**. Celui-ci porte la marque de sa parenté avec l'Âme du monde, car cette dernière transmet en permanence à la matière les principes rationnels reçus par l'Intellect, lui insufflant par là même la vie. L'Âme du monde joue ainsi un rôle d'intermédiaire entre l'Intelligence et le monde. Par une loi nécessaire inscrite dans sa nature, elle s'épanche vers le sensible, se diversifie, se multiplie, donnant forme aux corps qui la reçoivent.

L'Âme du monde chez Plotin a donc une fonction universelle et, de ce fait, **contient les âmes particulières (ou incarnées) qui migrent vers les corps** avec lesquels elles ont le plus de points communs (citation 3). La rencontre des âmes particulières avec les corps est le fruit d'une nécessité vitale de l'Âme du monde qui fait un don spontané de vie. Ainsi, les corps, dans leur variété et leurs degrés divers de perfection, participent ou ont la possibilité de participer de la vie même de l'Âme du monde.

En réalité, il y a un lien très fort entre les trois hypostases : l'Un, dans sa perfection, donne par surabondance et continument de sa vie, d'abord à l'Intellect, qui engendre ensuite l'Âme. Le philosophe Jean-Marc Narbonne (*La Métaphysique de Plotin*, 2002) compare, dans une image éloquente, les trois hypostases plotiniennes à **trois vasques supérieures d'une fontaine** où l'eau s'écoule continuellement à partir de la vasque supérieure (l'Un) qui déborde. Cependant, si le monde entier vient de l'Un (mouvement de procession) et que chaque être porte la trace de ce principe supérieur, le monde est aussi habité par le désir de retourner dans son giron (mouvement de conversion).

PROCESSION ET CONVERSION

La conversion, ou le mouvement de retour des choses vers le premier principe, est rendue possible par la procession de l'Un.

La double nature de l'Âme

Au fur et à mesure que les choses s'éloignent de l'Un, il y a déperdition de perfection et d'unité, au profit d'une dispersion dans la multiplicité. C'est ainsi que l'Âme est plus éloignée de l'Un que l'Intelligence, car elle n'en émane qu'indirectement. C'est toutefois **l'Âme** qui joue un **rôle fondamental dans le processus de remontée vers le premier principe**. L'Âme du monde, en effet, est **constituée de deux parties** :

- l'une **contemplative**, qui la met en rapport avec l'Intelligence ;
- l'autre **sensible**, qui lui permet d'organiser le monde sensible et la matière.

De par son appartenance à l'Âme du monde en sa double nature, sensible et intelligible, **l'âme qui s'incarne en l'homme contient en elle le désir de renouer avec son origine**. En effet, elle porte en elle une insatisfaction permanente qui joue comme un aiguillon. Les êtres humains qui parviennent ainsi à renouer avec leur origine plutôt que de s'orienter seulement vers la matière sont qualifiés de « divins » par Plotin (citation 4).

L'union de l'âme et de l'Un

Comment effectuer cette union que l'on peut qualifier de mystique avec l'Un ? La conversion est rendue possible par l'ascension dialectique qui, comme chez Platon, permet à l'homme d'accéder progressivement à la réalité intelligible :

- cela suppose tout d'abord la **réunification des deux**

parties de l'âme, l'une sensible et l'autre contemplative, grâce au renoncement à l'orientation exclusive vers la matière ;

- c'est alors que l'âme est prête à entamer un **apprentissage de la vision :** il ne s'agit pas de quitter le monde, mais de le voir dans sa vérité cachée ;
- enfin, **se dépouillant de ce qui en elle est « autre »**, comme l'explique Plotin, l'âme devient prête à s'unir à l'Un (<u>citation 5</u>).

Notons que plus Plotin décrit les avancées de l'âme dans son chemin de conversion, plus son style devient imagé, visionnaire et proche du style du *Cantique des cantiques*. **L'âme devient cette amoureuse en quête de Celui qui lui permettra de se perfectionner et de s'accomplir.** Son bien-aimé, c'est l'Un. Il est l'objet ultime de sa soif, d'un désir sans cesse relancé, exacerbé, inassouvi, avant l'union extatique que tout son être réclame. D'où l'importance capitale que Plotin accorde à **l'amour** : celui-ci **permet à l'âme de se transformer** dans l'aimé et d'être « non plus deux mais tous deux un ». Cet amour est non pas passion érotique, mais aiguillon qui attire l'âme vers la lumière intelligible.

Plotin précise aussi qu'**il y a des âmes qui sombrent dans l'oubli de leur origine et s'orientent résolument vers la matière** sans chercher à se détacher du monde sensible (citation 6). Le philosophe s'interroge alors sur les raisons qui font que ces âmes ont oublié leur origine. La réponse est à chercher du côté de l'arrogance de l'âme qui, par sa puissance d'autodétermination, se fixe sur les appétits sensibles plutôt que spirituels.

LA MATIÈRE, LE MAL ET LE CORPS

Chez Plotin, **la matière** est appréhendée de manière négative, c'est-à-dire qu'elle est **définie par ce qu'elle n'est pas :** elle n'est ni âme, ni intellect, ni forme, ni raison, ni puissance, etc. C'est uniquement grâce à l'Âme du monde qu'elle peut sortir de son indétermination initiale : l'Âme du monde lui permet de prendre forme en prodiguant des raisons qui s'incarnent dans les corps. Mais de la matière on ne peut rien dire ou penser positivement.

Par ailleurs, la définition de la matière est rattachée à la question de l'existence du **mal**. En effet, le mal est **conçu comme un défaut de bien**, une privation, ce qui est le plus éloigné de la perfection (citation 7). Il n'est en aucun cas une substance mauvaise, car s'il était une substance et s'il avait une nature, c'est-à-dire une essence, ils seraient bons puisque toute matière qui rencontre une forme est bonne.

En effet, toutes les choses sensibles ont, grâce à la procession, une ressemblance avec le principe originel, donc une aspiration au bien. Ainsi, contrairement aux gnostiques, le philosophe ne fait pas du mal une puissance active, le fait d'un malin ou d'un être nous voulant du mal.

Signalons encore le **statut équivoque du corps** chez Plotin. Celui-ci reçoit sa forme et sa raison de l'Âme du monde. En effet, la matière n'est qu'indétermination et irrationalité tant que l'Âme du monde ne lui a pas donné forme en produisant un corps. Pourtant, Plotin nous donne souvent l'impression, dans la plus pure mouvance platonicienne, que le corps n'est que la prison de l'âme. Faisant partie du monde sensible, il serait une réalité multiple et imparfaite, et ce serait à l'âme que le sage devrait accorder toute son attention pour pouvoir accéder au divin. Toutefois, il ne faut pas se résoudre à une lecture simpliste de l'œuvre plotinienne. Dans certains traités, le philosophe met aussi l'accent sur la beauté des corps qui contiennent la trace du beau dans le monde sensible. Pour résumer, nous pourrions donc dire que **ce n'est pas le corps en lui-même qui est frappé de suspicion, mais les affections qui le touchent et qui peuvent perturber l'âme dans son travail de conversion.**

EN RÉSUMÉ

Pour Plotin, **trois grands principes** sont à l'origine du monde : l'Un, l'Intelligence et l'Âme du monde.

L'Un est le principe suprême qui n'a d'autre cause que lui-même et qui est à la source de toutes choses. Il est indivisible et transcendant, et il est impossible de l'appréhender directement.

Le deuxième principe, **l'Intelligence, émane directement de l'Un**, dont elle déborde. Elle contient l'ensemble des idées. Par conséquent, elle est à la fois multiplicité et unité : c'est une « unité multipliée » dans le sens où elle a la double capacité de se penser elle-même et de penser d'autres objets.

Enfin, l'**Âme du monde procède de l'Intelligence :** elle contemple les idées intelligibles et les transmet à la matière sensible. C'est donc elle qui crée le monde sensible dans sa diversité. Par ailleurs, elle contient en elle **les âmes incarnées** qui **migrent vers les corps**.

Si le monde entier vient de l'Un, par un mouvement de procession, il est aussi habité du désir de retourner dans son giron, par un principe de conversion. L'Âme, qui présente une double nature contemplative et sensible (parce qu'elle est en rapport à la fois avec l'Intelligence et avec le sensible), joue alors un rôle fondamental : **l'âme de l'homme**, qui se caractérise également par cette double nature, contient en elle **le désir de renouer avec son origine**. Cette union est rendue possible par l'ascension dialectique. Cependant, il y a des hommes qui sombrent dans l'oubli de leur origine et s'orientent résolument vers la matière.

Votre avis nous intéresse !
Laissez un commentaire sur le site de votre librairie en ligne
et partagez vos coups de cœur sur les réseaux sociaux !

POUR ALLER PLUS LOIN

- AUBIN (Paul), *Plotin et le Christianisme*, Paris, Beauchesne, 1997.
- BRÉHIER (Émile), *La Philosophie de Plotin*, Paris, Vrin, 2000.
- HADOT (Pierre), *Plotin ou la Simplicité du regard*, Paris, Gallimard, 1997.
- GANDILLAC (Maurice de), *La Sagesse de Plotin*, Paris, Vrin, 1966.
- NARBONNE (Jean-Marc), *La Métaphysique de Plotin*, Paris, Vrin, 2001.
- O'MEARA (Dominic), *Plotin. Une introduction aux Ennéades*, traduction d'Anne Banateanu, Paris, Éditions du Cerf, 2004.
- PLOTIN, *Les Ennéades*, traduction d'Émile Bréhier, 7 volumes, Paris, Vrin, 1924-1963.
- TROUILLARD (Jean), *La Procession plotinienne*, Paris, PUF, 1955.

TESTEZ VOS CONNAISSANCES !

ASSOCIEZ CHAQUE CITATION À L'EXPLICATION QUI LUI CORRESPOND

Citation 1 : « Celui dont procèdent toutes choses [...] doit être le principe et comme le Paradigme de ce qui n'a eu aucune part à la fortune, l'essentiellement Premier, non mêlé de fortunes, de hasard et de rencontres, Cause de soi, Lui-même de lui-même et par lui-même, car premièrement Lui-même et suressentiellement Lui-même. » (*Ennéade VI*, livre 8)

Citation 2 : « [L]'Intelligence [...] ne peut penser si elle n'a un objet à penser, et elle n'est parfaite que quand elle le possède. » (*Ennéade V*, livre 6)

Citation 3 : « Chaque âme descend en un corps fait pour la recevoir et conforme à sa disposition intérieure ; elles sont transportées dans le corps avec lequel elles ont le plus de ressemblance, l'une dans le corps d'un homme, l'autre dans le corps d'une bête, différente pour chacune. » (*Ennéade IV*, livre 3)

Citation 4 : « Ils voient comme d'un regard perçant l'éclatante Lumière d'en haut ; ils ont été enlevés là-bas comme au-dessus des nuages et des ténèbres d'ici [...] ; ils se plaisent en ce Lieu de vérité où ils sont bien chez eux, comme l'homme revenu d'une longue errance dans sa patrie aux belles lois. » (*Ennéade V*, livre 1)

Citation 5 : « [J]e m'éveille de mon corps à moi-même ; je deviens extérieur aux autres choses, intérieur à moi, je vois une beauté d'une merveilleuse majesté ; je m'identifie au divin, en lui j'ai ma demeure. » (*Ennéade V*, livre 1)

Citation 6 : « [Certaines] âmes ont oublié le dieu qui est leur père, et [...] sont aussi bien ignorantes d'elles-mêmes que de lui, alors même qu'elles sont des parties qui viennent de là-bas et qui lui appartiennent entièrement. » (*Ennéade V*, livre 1)

Citation 7 : « Puisque le mal existe, reste donc qu'il existe en ce qu'il n'est pas, il est en quelque sorte la forme du non-être. » (*Ennéade I*, livre 8)

Explication a : l'Intelligence, pour penser, doit appréhender un autre objet qu'elle-même ; cependant, elle a également la faculté de se penser elle-même, ce qui la rapproche de la perfection.

Explication b : l'Âme du monde contient les âmes particulières qui migrent vers les corps avec lesquels elles ont le plus de points communs.

Explication c : trois grands principes, ou hypostases, sont à l'origine du monde : l'Un, l'Intelligence et l'Âme du monde.

Explication d : le mal se définit négativement, par ce qu'il n'est pas – c'est-à-dire le bien – ; en ce sens, il est non-être.

Explication e : l'Un ne peut être approché que de manière négative – il n'est pas ceci ou cela – et au terme d'une ascèse qui est dépassement de soi.

Explication f : l'Âme du monde, de par sa proximité avec l'Intelligence, contemple les idées et les transmet à la matière sensible : c'est donc elle qui crée le monde sensible dans sa diversité.

Explication g : seuls les êtres humains dont l'âme est parvenue à remonter vers le premier principe, plutôt que de se tourner vers le monde matériel, se sentent réellement chez eux.

Explication h : s'éveillant à la vérité cachée du monde et se dépouillant de ce qui en elle est « autre », l'âme s'identifie à l'Un et devient prête à s'unir avec lui.

Explication i : il y a des âmes qui sombrent dans l'oubli de leur origine.

Explication j : l'Un, en tant que source de toutes choses, est le principe suprême qui ne procède et ne dépend de rien d'autre que de lui-même, et qui existe par lui-même.

Rendez-vous sur lepetitphilosophe.fr et découvrez :

Plus de 1200 analyses
Claires et synthétiques
Téléchargeables en 30 secondes
À imprimer chez soi